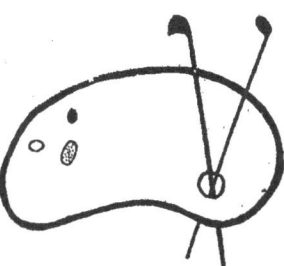

DEBUT D'UNE SERIE DE DOCUMENTS
EN COULEUR

20 nov. 1858 — *Produit 9004 f*

CATALOGUE

D'UNE COLLECTION

DE BONS

TABLEAUX

ANCIENS

Des Écoles française, flamande, hollandaise
allemande et italienne

BORDURES EN BOIS SCULPTÉ ET DORÉ

PROVENANT DE LA COLLECTION D'UN AMATEUR

VENDUS POUR CAUSE DE CHANGEMENT DE LOCAL

HOTEL DES COMMISSAIRES-PRISEURS
Rue Drouot, 5
SALLE N° 2

Le Samedi 20 Novembre 1858, à 1 heure

Par le ministère de Mᵉ **DELBERGUE-CORMONT**, Cᵉ-Priseur
rue de Provence, 8
Assisté de M. D'HIOS, Appréciateur, rue Le Pelletier, 33
Chez lesquels se délivre le présent Catalogue.

EXPOSITION PUBLIQUE

Le Vendredi 19 Novembre 1858, de midi à cinq heures

PARIS

RENOU ET MAULDE

IMPRIMEURS DE LA COMPAGNIE DES COMMISSAIRES-PRISEURS

Rue de Rivoli, 144

1858

EXEMPLAIRE DE D'HIOS

```
 18.25      18.15   740.50
  2.         2.      56.15
 15.        15.      68.435
 20         20              
-----     -----     -----
 55.25     55.15      40
    90                    
-----              684.35
 56.15             
           740.50
            56.15
           ------
           684.35
              20    68
           ------
           684.15
```

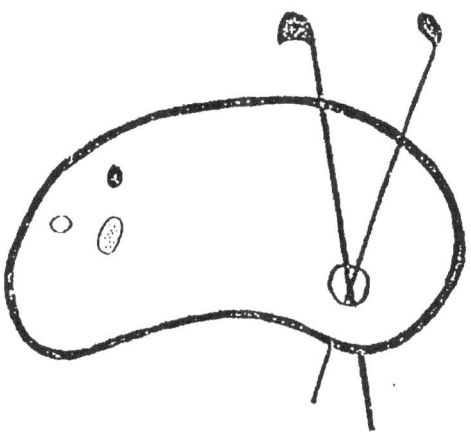

FIN D'UNE SERIE DE DOCUMENTS
EN COULEUR

CATALOGUE

D'UNE COLLECTION

DE BONS

TABLEAUX

ANCIENS

Des Écoles française, flamande, hollandaise
allemande et italienne

BORDURES EN BOIS SCULPTÉ ET DORÉ

PROVENANT DE LA COLLECTION D'UN AMATEUR

VENDUS POUR CAUSE DE CHANGEMENT DE LOCAL

HOTEL DES COMMISSAIRES-PRISEURS
Rue Drouot, 5
SALLE N° 2

Le Samedi 20 Novembre 1858, à 1 heure

Par le ministère de M° **DELBERGUE-CORMONT**, C°-Priseur
rue de Provence, 8

Assisté de M. **D'HIOS**, Appréciateur, rue Le Pelletier, 33

Chez lesquels se délivre le présent Catalogue.

EXPOSITION PUBLIQUE

Le Vendredi 19 Novembre 1858, de midi à cinq heures

PARIS
RENOU ET MAULDE
IMPRIMEURS DE LA COMPAGNIE DES COMMISSAIRES-PRISEURS
Rue de Rivoli, 144

1858

CONDITIONS DE LA VENTE.

Elle sera faite au comptant.

MM. les Acquéreurs paieront en sus cinq pour cent applicables aux frais.

AVERTISSEMENT.

Les tableaux dont se compose cette vente formaient une partie de la collection d'un amateur qui possède un grand nombre de tableaux choisis avec goût. Depuis longtemps déjà ceux qui sont décrits dans ce catalogue avaient été relégués dans les greniers, faute de place. C'est par suite d'un changement de local qu'il se trouve dans l'obligation de s'en séparer.

Nous engageons donc MM. les amateurs et MM. les marchands à venir visiter l'exposition; notre conviction est qu'ils trouveront dans ces toiles et panneaux, sous leurs vieux vernis quelques morceaux dignes de fixer leur attention.

DÉSIGNATION

DES TABLEAUX

CORRÉGE (École de).

1 — La Nativité de Jésus.

MOMERS.

2 — Un seigneur et sa dame sont arrêtés auprès de bergers et semblent leur causer.

NIKKELEN (Isaac Van).

3 — Intérieur d'un temple religieux, orné de jolies figures.

RUYSDAËL (Jacques).

4 — Marine avec barques de pêcheurs.

KRANACH (Luc).

5 — Portrait d'homme à barbe blanche; il tient un papier roulé d'une main. Le fond du tableau est formé par une draperie qui est relevée et laisse voir une ville dans le lointain.

VERNET (Joseph).

6 — Marine sur le premier plan; à droite deux pêcheurs jettent leurs filets; au fond un navire lutte contre la fureur des flots; à gauche un chemin qui borde la mer, où l'on voit deux voyageurs; sur la hauteur, au milieu de rochers, est une vieille tour en ruines.

VANLOO (Louis-Michel Van).

7 — Portrait d'un commandant d'armée; il est cuirassé et tient le bâton de maréchal d'une main; il porte la coiffure du temps de Louis XIV.

STOOP (Thierry).

8 — Campement d'une armée.

JOYANT.

9 — Vu du grand canal à Venise.

DU MÊME.

10 — Vue de la place Saint-Marc.

BERGHEM (École de Nicolas).

11 — L'Abreuvoir. Belle composition.

DROUAIS (François-Hubert).

12 — Portrait de jeune fille. Une rose est posée au milieu de son corsage.

NUZZI (Mario, dit Fiori).

13 — Vase contenant des fleurs.

RICCI (Sébastien).

14 — Paysage. Site d'Italie.

ÉCOLE ALLEMANDE.

15 — Intérieur d'atelier de peintre; il est assis et tient un carton sur ses genoux, il dessine le portrait d'une jeune femme qui est devant lui.

RUBENS (D'après Pierre-Paul).

16 — Portrait de jeune femme coiffée d'un chapeau orné de fleurs.

ÉCOLE HOLLANDAISE.

17 — Paysage traversé par une route percée dans un rocher, duquel s'échappe, par cascades, un torrent d'eau; sur la gauche, sur un monticule, des artistes dessinent ce lieu si pittoresque.

MEULEN (Vander).

18 — Bataille sous Louis XIV.

CHARDIN (Genre de J.-B.-S.).

19 — Portrait de jeune femme; elle est vêtue d'une robe de soie garnie de riches dentelles.

COYPEL (Antoine).

20 — Flore et Zéphir. Charmante composition.

PATEL (Le Père).

21 — Deux paysages. Effet de soleil couchant.

PRUDHON (Genre de Pierre).

21 bis -- L'Amour et Psyché.

ÉCOLE ITALIENNE.

22 — Saint Michel-Archange terrassant le démon.

VENUSTI (Marcel).

23 — La Mise au tombeau.

MIGNARD (Genre de).

24 — Portrait d'une jeune dame de la cour de Louis XVI. (Ovale.)

BOUCHER (F.).

25 — Vénus, sur son char, caresse l'Amour.

HAKKERT (Jean).

26 — Paysage boisé; sur le premier pian, deux villageois sont arrêtés et tiennent conversation.

VÉRONÈSE (D'après Paul).

26 bis — Les Pèlerins d'Emmaüs.

RAOUX (Genre de).

27 — Portrait d'une jeune fille qui chante en s'accompagnant du violon.

CORRÉGE (D'après).

28 — Repos de la Sainte Famille au milieu d'une forêt; des anges présentent des fruits à la Mère de Jésus.

HUISMANS (Corneille, dit de Malines).

29 — Paysage traversé par un pont où l'on voit plusieurs figures.

BRAUWER (Adrien).

30 — Le Chirurgien opérateur. Scène d'intérieur.

ÉCOLE FRANÇAISE.

31 — Portrait d'artiste.

LE CLERC DES GOBELINS.

32 — Bergères gardant leurs troupeaux au bord de l'eau.

DU MÊME.

33 — La Balançoire.

HOLBEIN (École de).

34 — Deux portraits. Homme et femme dans l'attitude de la prière.

NATTIER (Attribué à).

35 — Portrait de la duchesse d'Albret.

ANCIENNE ÉCOLE ALLEMANDE.

36 — Martyre de saint Étienne.

VÉRONÈSE (D'après Paul).

37 — Jésus et les Pèlerins d'Emmaüs.

BOUCHER (École de F.).

38 — Vénus sur les eaux.

VELAZQUEZ (École de).

39 — Portrait d'Anne d'Autriche.

CARRACHE (École de).

40 — La Vierge et l'Enfant Jésus.

SNEYDERS (François).

41 — Fruits de toutes espèces posés sur une table ; à gauche, un jeune homme joue avec un perroquet. Belle composition.

ÉCOLE FRANÇAISE.

42 — Portrait d'une dame de la cour de Louis XV ; elle est vêtue en Diane.

RAOUX (Attribué à).

43 — Jeune femme tressant des couronnes de fleurs que l'Amour lui apporte.

DU MÊME.

44 — La Diseuse de bonne aventure. Pendant du précédent.

VERNET (Joseph).

45 — Port de mer. Belle composition ornée de jolies figures.

ÉCOLE FRANÇAISE.

46 — Portrait d'une dame de distinction ; elle est vêtue de noir et assise sur un fauteuil.

MIGNARD (Pierre).

47 — Portrait de la fille du peintre ; elle est assise, tient une palette et ses pinceaux d'une main, et de l'autre montre un tableau représentant un château avec son parc.

BOUCHER (École de).

48 — Pastorale. (Dessus de porte).

DIÉTRIECY (Chrétien).

49 — Grand paysage.

RIBBIENA (Galli, dit).

50 — Monuments d'architecture.

DU MÊME.

51 — Riche palais orné de figures. (Pendant du précédent).

ASSELYN (Jean).

52 — Paysage.

BOTH (Genre de Jean).

53 — Paysage. Bords de la mer.

ALBANE (François).

54 — Vénus et Adonis.

ÉCOLE ITALIENNE.

55 — Grand vase rempli de fleurs.

CUYP (Benjamin).

56 — Marche de Noé et de sa famille; toutes espèces d'animaux les suivent.

HUYSMANS (Corneille, dit de Malines).

57 — Paysage. Terrains éboulés avec des jolies figures sur le premier plan.

VANLOO (D'après Carle).

58 — La Sculpture.

BREYDEL (Le Chevalier).

59 — Combat de cavaliers.

LAAR (Pierre Van).

60 — Marché de chevaux.

SÉGHERS (Gérard).

61 — Un jeune garçon tient une lanterne d'une main et un panier de l'autre, qui contient quelques pâtisseries dont il cherche le débit.

BOUCHER (Attribué à F.).

62 — La Leçon d'amour.

LEPRINCE (J.-B.).

63 — Une jeune femme, presque nue, est étendue sur son lit; un chat est près d'elle couché sur un tabouret, où sont posés différents bijoux.

BOUCHER (F.).

64 — Vénus couchée, l'Amour est près d'elle.

BRONZINO (Allory Ange, dit).

65 — Portrait d'homme. Il est nu-tête, porte toute sa barbe et a une collerette autour du cou. (Sur panneau de cèdre.)

POULIPO (1854, signé).

66 — Vue de la ville et du port de Naples. Composition animée d'un grand nombre de figures.

LANCRET (D'après Nicolas).

67 — Le Chien et les pièces d'or.

VOUET (Simon).

68 — Jeune Mère et son enfant.

SOLARIO (André).

69 — La Vierge et l'Enfant Jésus.

LOUTHERBOURG.

70 — Paysage. Extérieur de ferme ; une servante est occupée à nettoyer un chaudron, des enfants jouent près d'elle ; à droite des animaux.

ÉCOLE FRANÇAISE.

71 — Portrait en pied de Monseigneur le duc de Gèvre, maître des cérémonies sous Louis XV.

HELMONT (Van).

72 — Fête villageoise.

POUSSIN (Guaspre).

73 — Paysage avec ruines historiques.

LANCRET (Nicolas).

74 — Intérieur d'un parc. Plusieurs jeunes filles et garçons dansent le menuet. (Peinture en camayeux.)

TOCQUE (Attribué à Louis).

75 — Portrait d'une jeune dame de distinction. Riche costume.

EISEN (Charles).

76 — Allégorie mythologique.

FRAGONARD (Genre de Honoré).

77 — Jeune femme couchée dans un parc.

WOUVERMANS (attribué à Ph.).

78 — Deux hommes déchargent une charette de foin qu'il mettent en meule, un autre s'occupe de donner à manger à deux chevaux ; devant la porte d'une maisonnette, une femme allaite son nourisson ; sur la droite, fond de paysage.

ÉCOLE ALLEMANDE.

79 — Sur une toile, de forme carrée, sont représentés vingt portraits ovales d'hommes et femmes de toutes les classes de la société.

SCHOEVAERTS.

80 — Une procession passe devant la porte d'une église. Composition animée d'un grand nombre de figures.

MIGNARD (Pierre).

47 — Portrait de la fille du peintre ; elle est assise, tient une palette et ses pinceaux d'une main, et de l'autre montre un tableau représentant un château avec son parc.

BOUCHER (École de).

48 — Pastorale. (Dessus de porte).

DIÉTRIECY (Chrétien).

49 — Grand paysage.

RIBBIENA (Galli, dit).

50 — Monuments d'architecture.

DU MÊME.

51 — Riche palais orné de figures. (Pendant du précédent).

ASSELYN (Jean).

52 — Paysage.

BOTH (Genre de Jean).

53 — Paysage. Bords de la mer.

ALBANE (François).

54 — Vénus et Adonis.

ÉCOLE ITALIENNE.

55 — Grand vase rempli de fleurs.

CAHIER RELIÉ EN DOUBLE
DE LA PAGE 11 À LA PAGE 14

MIGNARD (Pierre).

47 — Portrait de la fille du peintre; elle est assise, tient une palette et ses pinceaux d'une main, et de l'autre montre un tableau représentant un château avec son parc.

BOUCHER (École de).

48 — Pastorale. (Dessus de porte).

DIÉTRIECY (Chrétien).

49 — Grand paysage.

RIBBIENA (Galli, dit).

50 — Monuments d'architecture.

DU MÉNE.

51 — Riche palais orné de figures. (Pendant du précédent).

ASSELYN (Jean).

52 — Paysage.

BOTH (Genre de Jean).

53 — Paysage. Bords de la mer.

ALBANE (François).

54 — Vénus et Adonis.

ÉCOLE ITALIENNE.

55 — Grand vase rempli de fleurs.

CUYP (Benjamin).

56 — Marche de Noé et de sa famille; toutes espèces d'animaux les suivent.

HUYSMANS (Corneille, dit de Malines).

57 — Paysage. Terrains éboulés avec des jolies figures sur le premier plan.

VANLOO (D'après Carle).

58 — La Sculpture.

BREYDEL (Le Chevalier).

59 — Combat de cavaliers.

LAAR (Pierre Van).

60 — Marché de chevaux.

SÉGHERS (Gérard).

61 — Un jeune garçon tient une lanterne d'une main et un panier de l'autre, qui contient quelques pâtisseries dont il cherche le débit.

BOUCHER (Attribué à F.).

62 — La Leçon d'amour.

LEPRINCE (J.-B.).

63 — Une jeune femme, presque nue, est étendue sur son lit; un chat est près d'elle couché sur un tabouret, où sont posés différents bijoux.

BOUCHER (F.).

64 — Vénus couchée, l'Amour est près d'elle.

BRONZINO (Allory Ange, dit).

65 — Portrait d'homme. Il est nu-tête, porte toute sa barbe et a une collerette autour du cou. (Sur panneau de cèdre.)

POULIPO (1854, signé).

66 — Vue de la ville et du port de Naples. Composition animée d'un grand nombre de figures.

LANCRET (D'après Nicolas).

67 — Le Chien et les pièces d'or.

VOUET (Simon).

68 — Jeune Mère et son enfant.

SOLARIO (André).

69 — La Vierge et l'Enfant Jésus.

LOUTHERBOURG.

70 — Paysage. Extérieur de ferme; une servante est occupée à nettoyer un chaudron, des enfants jouent près d'elle; à droite des animaux.

ÉCOLE FRANÇAISE.

71 — Portrait en pied de Monseigneur le duc de Gèvre, maître des cérémonies sous Louis XV.

HELMONT (Van).

72 — Fête villageoise.

POUSSIN (Guaspre).

73 — Paysage avec ruines historiques.

LANCRET (Nicolas).

74 — Intérieur d'un parc. Plusieurs jeunes filles et garçons dansent le menuet. (Peinture en camayeux.)

TOCQUE (Attribué à Louis).

75 — Portrait d'une jeune dame de distinction. Riche costume.

EISEN (Charles).

76 — Allégorie mythologique.

FRAGONARD (Genre de Honoré).

77 — Jeune femme couchée dans un parc.

WOUVERMANS (attribué à Ph.).

78 — Deux hommes déchargent une charette de foin qu'il mettent en meule, un autre s'occupe de donner à manger à deux chevaux; devant la porte d'une maisonnette, une femme allaite son nourisson; sur la droite, fond de paysage.

ÉCOLE ALLEMANDE.

79 — Sur une toile, de forme carrée, sont représentés vingt portraits ovales d'hommes et femmes de toutes les classes de la société.

SCHOEVAERTS.

80 — Une procession passe devant la porte d'une église. Composition animée d'un grand nombre de figures.

PAU DE SAINT-MARTIN.

81 — Paysage boisé.

WOUVERMANN (Ph.).

82 — Halte d'un cavalier et d'une dame devant une hôtellerie.

CORRÉGE (Genre de).

83 — La Vierge tient l'Enfant Jésus dans ses bras.

WOUVERMANN (Genre de Ph.).

84 — Le Maréchal ferrant.

ÉCOLE FLAMANDE.

85 — Danse de villageois.

DEMACHY.

86 — Nombre de personnages visitent un ancien monument au milieu duquel se trouve une statue de Louis XIV que couronne la Victoire.

SCHOVAERTS.

87 — Vue d'une ancienne ville située au bord d'une rivière. Composition animée d'un grand nombre de barques et figures.

WYNANTS (d'après Jean).

88 — Paysage orné de figures.

HOLBEIN (École de).

89 — Portrait de femme

ROBERT (Hubert).

90 — Effet d'incendie au milieu de monuments.

HUISMANS (Corneille, dit de Malines.)

91 — Paysages avec terrains éboulés.

PALAMÈDES.

92 — Plusieurs personnages des deux sexes font de la musique dans un intérieur.

Pierre BOUT et BOUDEWINS.

93 — Paysage avec fabrique, orné de figures.

ÉCOLE ALLEMANDE.

94 — Portrait d'homme ; il porte toute sa barbe, qui est grise, et est coiffé d'une toque noire.

MIGNARD (Pierre).

95 — Portrait d'une dame de distinction. (Ovale.)

CORRÈGE (École de).

96 — Tête d'ange.

ÉCOLE HOLLANDAISE.

97 — Trois portraits de femmes avec collerette à la Médicis.

MALLET.

98 — Le Message.

LONTHERBOURG.

99 — Pâtres gardant des animaux.

BRAUWER (Adrien).

100 — Le Concert bachique.

ÉCOLE DES CLOUET.

101 — Portrait historique portant cette inscription : (*La Ferronnière de Paris*).

AWALDORP. (Signé.)

102 — Marine avec barque et navires.

HUYSMANS (Corneille, dit de Malines).

103 — Petit paysage.

CORRÉGE (D'après).

104 — L'Amour aiguisant ses flèches.

HUYSMANS (Corneille, dit de Malines).

105 — Petit paysage orné de figures.

MOLENAER.

106 — Dans un intérieur rustique, quatre villageois s'amusent à boire et à faire de la musique.

ÉCOLE ALLEMANDE.

107 — Le Christ expirant sur la croix ; les saintes Femmes sont au pied dans la plus vive douleur.

LUCAS DE LEYDE.

108 — La Flagellation du Christ.

CHARDIN (J.-B.-S.).

109 — Portrait de jeune femme vue de face; elle est coiffée d'un bonnet en dentelle attaché au milieu par un ruban bleu; son cou est entouré d'une dentelle noire qui tombe sur son sein jusqu'à son corsage; sa robe est garnie de dentelles et ornée d'une fleur placée au milieu du sein.

MIGNARD (école de).

110 — Portrait de jeune fille.

BACKUISEN (L.).

111 — Marine avec barque et navire de guerre.

MOLENAER.

113 — Deux cavaliers sont arrêtés devant une tente dans laquelle sont d'autres personnages.

ÉCOLE HOLANDAISE.

114 — Intérieur d'église.

ÉCOLE GOTHIQUE.

415 — Le Christ sur la croix et portant sa croix. (Panneau de la fin du XIVᵉ siècle.)

VERBOEKHOVEN (Eugène).

116 — Étude de chèvres.

CANNALETTI (école de.

117 — Vue de Venise. Le pont du Rialto.

DU MÊME.

118 — Vue de la place Saint-Marc. (Pendant du précédent).

VÉRONÈSE (Genre de).

119 — Tête de guerrier.

PORBUS (Genre de).

120 — Portrait d'Henri XIV.

ÉCOLE ITALIENNE.

121 — Tête de vieillard.

LANCRET (Genre de).

122 — Les Moissonneurs.

ÉCOLE ITALIENNE.

123 — Jeune Mère et son enfant.

ÉCOLE FRANÇAISE.

124 — Flore et Zéphir entourés d'Amours.

MÊME ÉCOLE.

125 — Paysage. Une rivière au bas de hautes montagnes.

RAOUX.

126 — Scènes de la vie de Don Quichotte. Deux pendants. (Toiles.)

BOUCHER (F.).

127 — Flore et Zéphir. (Camayeux toiles.)

ÉCOLE FRANÇAISE.

128 — L'Amour, un bandeau sur les yeux, plane dans l'air. (Toile.)

MÊME ÉCOLE.

129 — Pastorales. (Toiles. Deux pendants.)

VERDUSSEN.

130 — Sujets de chasse. Deux pendants. (Toiles.)

ÉCOLE FRANÇAISE.

131 — Portraits d'enfants, costumes du temps de Louis XIII.

ÉCOLE RUSSE.

132 — La Sainte-Vierge et l'Enfant Jésus, peints sur fond or.

LE MAIRE POUSSIN.

133 — Sujet de la vie de saint François Xavier.

BARROCHE (D'après).

134 — La Vierge et Jésus entourés d'anges.

MIGNON (Abrahan).

135 — Portrait. Nature morte.

HEDA (Guillaume-Nicolas).

237 — Nature morte.

ANCIENNE ÉCOLE FLAMANDE.

138 — La Vierge et l'Enfant Jésus.

MIGNON (Abraham).

139 — Fruits et nature morte.

DU MÊME.

140 — Fruits divers.

DEHEM (Jean).

141 — Nature morte.

ÉCOLE ITALIENNE.

142 — Sujet de sainteté.

RICKAERT. (Pastiche d'un maître italien.)

143 — Femmes à la fontaine.

DEHEEM (Jean-David).

144 — Nature morte.

FAES (Le chevalier).

145 — Fleurs.

VAN DER CABEL.

146 — Marine. Effet de nuit.

LAIRESSE (Jean).

147 — Bacchante, Satyres et Amours.

CUYP (Albert).

148 — Marine (dans sa première manière).

MIREVELT.

149 — Portrait de femme en riche costume.

ÉCOLE GÉNOISE.

150 — L'Oiseau en cage.

ANCIENNE ÉCOLE HOLLANDAISE.

151 — Une dame de distinction, entourée d'une foule de personnages, vient soulager une jeune mère.

LEPRINCE (J.-B.).

152 — Assemblée de nombre de personnes sur une place publique. (Cette scène nous paraît se passer en Amérique.

BRAKENBURG.

153 — Diogène cherchant un homme.

MICHEL-ANGE DES BATAILLES.

154 — Nature morte, fruits et légumes. Deux pendants. Belles compositions.

SÉGHERS (GÉRARD, dit le Jésuite d'Anvers).

155 — Fleurs. Au bas est une grisaille en bas-relief.

ÉCOLE FRANÇAISE.

156 — Vénus et l'Amour.

BERGHEM (École de).

157 — Paysage avec figures et animaux.

ECOLE FRANÇAISE.

158 — Paysage. Au bas de hautes montagnes, coule une rivière sur laquelle on voit des canards.

159 — Sous ce numéro seront vendus les tableaux omis au catalogue.

160 — Plusieurs belles bordures en bois sculpté et dorées seront vendues en lots.

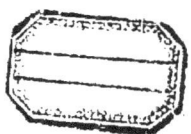

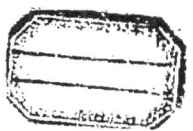
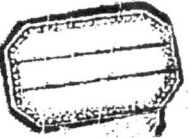

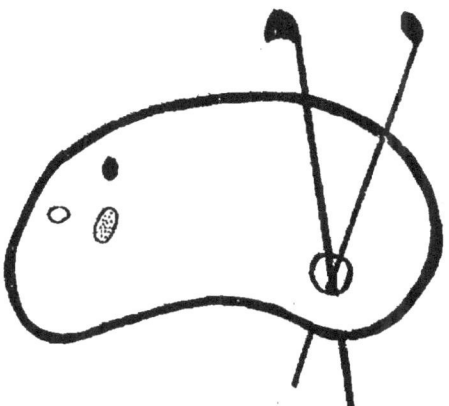

ORIGINAL EN COULEUR
NF Z 43-120-8

www.ingramcontent.com/pod-product-compliance
Lightning Source LLC
Chambersburg PA
CBHW071202240526
45470CB00017B/1233